四季の励まし

II

池田大作

聖教新聞社

目次

春

夏

秋

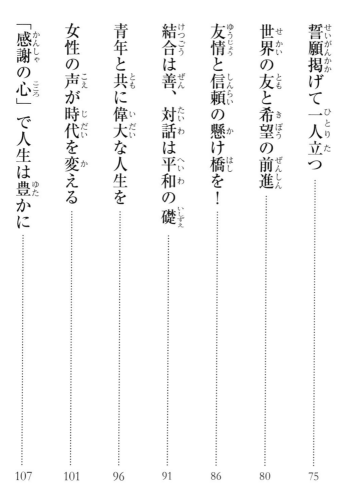

冬

装幀　株式会社プランク

一、本書は、聖教新聞に掲載された「四季の励まし」から、二十五編を選び、著者の了解を得て、収録したものです。

一、末尾の年月日は、掲載日を記しました。なお、肩書、名称、時節等については、掲載時のままにしました。

一、写真は、著者が折々に撮影したものです。

――編集部

春

Spring

苦難《くなん》の彼方《かなた》に栄光《えいこう》の虹《にじ》

君《きみ》よ
今の苦難《くなん》の彼方《かなた》にも
必《かなら》ずや虹《にじ》の輝《かがや》く
栄光満足《えいこうまんぞく》の時《とき》が　待《ま》っている。
君よ
断《だん》じて諦《あきら》めるな
断じて臆《おく》するな
そしてまた
決《けっ》して前進《ぜんしん》を忘《わす》れるな
戦《たたか》いをやめるな！
人間の目的《もくてき》は

勝つことであり
幸福《こうふく》になることである。

なぜ、試練《しれん》に立《た》ち向《む》かうのか？
断固《だんこ》と勝ち越《こ》えて、
悩《なや》める友《とも》に希望《きぼう》の励《はげ》ましを
贈《おく》りゆくためだ！
民衆《みんしゅう》のため、社会《しゃかい》のため、
あえて艱難《かんなん》を迎《むか》え撃《う》っていくのだ。
忍耐《にんたい》の坂《さか》の彼方に、勝利あり。
さあ、健康《けんこう》のために信心を！
幸福のために活動を！
三世《さんぜ》のために勇気を！

1990年10月、愛知

逆境《ぎゃっきょう》を大転換《だいてんかん》し、
それまで以上《いじょう》の
境涯《きょうがい》の高《たか》みへ跳躍《ちょうやく》する。
この生命《せいめい》の大歓喜《だいかんき》の劇《げき》を、
万人《ばんにん》に開《ひら》いたのが
「変毒為薬《へんどくいやく》」の哲理《てつり》である。
変《か》えられぬ宿命《しゅくめい》など
断じてない。
ゆえに、決して嘆《なげ》かずともよい、
そして絶対《ぜったい》に諦めなくともよい
希望の光《ひかり》が、ここにあるのだ。
私も行動《こうどう》の人間である。
友好《ゆうこう》の〝第一歩《だいいっぽ》〟を、

確《たし》かな〝道〟へ、
民衆《みんしゅう》と民衆の心通《こころかよ》う〝大道《だいどう》〟へ
広《ひろ》げることを、自《みずか》らに課《か》してきた。
「友情《ゆうじょう》と信頼《しんらい》の道」を
開くことだ！
「平和《へいわ》と文化《ぶんか》の虹」を
かけることだ！
我《われ》らの前《まえ》に、
希望の新世界《しんせかい》は、
洋々《ようよう》と開かれている。

（二〇一六年四月二十四日）

「いよいよの心《こころ》」で堂々《どうどう》と

勢《いきお》い――。

それは、

〝断《だん》じて成《な》し遂《と》げよう！〟という、

強《つよ》き決意《けつい》と闘魂《とうこん》から生《う》まれる。

自《みずか》ら勇《いさ》んでなそうとする、

自主《じしゅ》、自発《じはつ》の行動《こうどう》から生まれる。

間髪《かんはつ》を容《い》れぬ

迅速《じんそく》な実践《じっせん》によって生まれる。

皆《みな》が互《たが》いに競《きそ》い合《あ》い、

触発《しょくはつ》し合う切磋琢磨《せっさたくま》から生まれる。

そして、

2019年3月、東京

戦《たたか》いは、勢いのある方《ほう》が勝つ。

「一《いち》」言《い》われたら「三《さん》」言い返《かえ》す。
「三」言われたら「十《じゅう》」言い返す
——この不屈《ふくつ》の反撃精神《はんげきせいしん》こそ
言論戦《げんろんせん》の方程式《ほうていしき》である。

言うべきときに言わなければ、
悪《あく》が増長《ぞうちょう》するだけである。
語《かた》らなければ、心《こころ》は伝《つた》わらない。

心で思《おも》っていても、
それだけでは相手《あいて》にはわからない。
真実《しんじつ》を叫《さけ》ぶのだ。
そうすれば、
敵《てき》をも味方《みかた》に変《か》えることができる。

信心とは――
断じてあきらめない勇気である。
自分《じぶん》と友《とも》の生命《せいめい》の可能性《かのうせい》を
あきらめない。
幸福《こうふく》の拡大《かくだい》をあきらめない。
正義《せいぎ》の勝利をあきらめない。
平和《へいわ》の創造《そうぞう》をあきらめない。
大法弘通《たいほうぐつう》を、
断じてあきらめない勇気なのだ。

何《なに》が起《お》ころうが、
私には信心がある！
わが家《や》には信心がある！

我《われ》らには偉大《いだい》な信心がある！
だから何ものも恐《おそ》れない。
だから絶対《ぜったい》に
乗《の》り越《こ》えられない苦難《くなん》はない。
真面目《まじめ》に、誠実《せいじつ》に、勇敢《ゆうかん》に、
信心をやり切《き》って、
最後《さいご》は必《かなら》ず勝つのだ！
この合言葉《あいことば》で、
いよいよこれからと、
「強盛《ごうじょう》の信心」で、
威風《いふう》も堂々《どうどう》、進《すす》みゆこう！

（二〇一九年四月十四日）

我《われ》ら創価の春《はる》が来《き》た！

出会《であ》いは人生の花《はな》だ。
信《しん》じ合《あ》える絆《きずな》は宝《たから》だ。
私も、正義《せいぎ》に生《い》きる
恩師《おんし》・戸田先生《とだせんせい》との出会いが
人生を決《き》めた。
苦悩渦巻《くのううずま》く社会《しゃかい》で、
この流転《るてん》から人々《ひとびと》を解放《かいほう》し、
困難《こんなん》を打開《だかい》しゆく仏法《ぶっぽう》ならば、
一生《いっしょう》をかけてみよう——
こう決意《けつい》して、
師弟《してい》の道を歩《あゆ》み始《はじ》めた。

わが一念《いちねん》を定《さだ》めれば、
全《すべ》てが開《ひら》けていく。
信心根本《こんぽん》の軌道《きどう》ほど、
強《つよ》く、充実《じゅうじつ》した人生はない。

正義の戦《たたか》いを起《お》こすならば、
断《だん》じて勝つことだ。
異体同心《いたいどうしん》で進《すす》むことである。
我《われ》らの目的《もくてき》は
広宣流布《こうせんるふ》　即《そく》　世界平和《せかいへいわ》である。
我らの前進《ぜんしん》は、
どこまでも信仰《しんこう》を根幹《こんかん》に、
全民衆《ぜんみんしゅう》を幸福《こうふく》にしていくのである。
民衆を利用《りよう》し、

2019年3月、東京

民衆を苦《くる》しめる動《うご》きは、
断じて許《ゆる》さない。
まじめな庶民《しょみん》が馬鹿《ばか》を見ない社会。
一番《いちばん》、苦しんできた人が、
一番、幸福になる世界。
それを築《きず》くための戦いだ。

まず張《は》り切《き》って、
一歩《いっぽ》を踏《ふ》み出《だ》すことだ。
たとえ、つまずいても、
朗《ほが》らかに、たくましく、
次《つぎ》の一歩を踏み出せばよい。
今日一日《いちにち》を勝つことだ。

桜《さくら》の生命《いのち》と同《おな》じように、
我々《われわれ》も力《ちから》の限《かぎ》り、
生きて生きて生き抜《ぬ》いて、
己《おのれ》の使命《しめい》の花を
咲《さ》き薫《かお》らせていくことだ。
これが本然《ほんねん》の法則《ほうそく》だ。
我らに春《はる》が来《き》た!
勝利の春が来た!
創価の同志《どうし》の春が来た!

(二〇一九年三月三十一日)

友好拡大《ゆうこうかくだい》の花《はな》を爛漫《らんまん》と

来《く》る日《ひ》も、来る日も、
同志《どうし》の笑顔《えがお》のため、
地域《ちいき》の人々《ひとびと》の喜《よろこ》びのため、
わが地涌《じゆ》の勇者《ゆうしゃ》の皆《みな》さま方《がた》は走《はし》り、
語《かた》り続《つづ》けている。
いかなる高位《こうい》の人よりも、
有名人《ゆうめいじん》や権勢《けんせい》の人よりも、
遥《はる》かに偉大《いだい》な人間王者《おうじゃ》であり、
幸福《こうふく》と平和《へいわ》の博士《はかせ》である。

広布《こうふ》のためならば、

1996年3月、大阪

どこへでも駆《か》けつけよ！
懸命《けんめい》に難関《なんかん》に挑《いど》み、
苦闘《くとう》する友《とも》と一緒《いっしょ》に立《た》て！
激戦《げきせん》の地《ち》で新《あら》たな波動《はどう》を起《お》こせ！
創価学会には、
この真心《まごころ》のネットワークで結《むす》ばれた
強固《きょうこ》な団結《だんけつ》がある。
だから強《つよ》い。だから負《ま》けない。

団結の鍵《かぎ》は何《なに》か。それは、
一見《いっけん》、矛盾《むじゅん》するようであるが、
自《みずか》らが「一人《ひとり》立つ」ことである。
自分《じぶん》が真剣《しんけん》に祈《いの》り、強くなることだ。
「誰《だれ》かがやるだろう」と、

安易《あんい》に考《かんが》えている限《かぎ》り、
どこまでいっても、
真《しん》の団結を築《きず》くことはできない。

広宣流布《こうせんるふ》の城《しろ》に、
必要《ひつよう》のない人など、一人もいない。
皆が「宝《たから》の人材《じんざい》」である。
誰もが、なくてはならない存在《そんざい》だ。

その一人一人を
真心から大切《たいせつ》にしていく
積《つ》み重《かさ》ねによってこそ、
難攻不落《なんこうふらく》の大城《だいじょう》が出来上《できあ》がるのだ。

励《はげ》ましの大地《だいち》に、仏縁《ぶつえん》の拡大、

友好《ゆうこう》の拡大、青年の拡大、
人材の拡大の爛漫《らんまん》たる花《はな》を！
そのための要諦《ようてい》は何《なん》だろうか。
それは第一に「祈り」の拡大である。
第二に自身《じしん》の「境涯《きょうがい》」の拡大である。
そして第三に「勇気」の拡大である。
「祈り」「境涯」「勇気」――
この三《みっ》つの拡大を通《とお》して、
わが人生と地域と世界《せかい》の新時代《しんじだい》を、
朗《ほが》らかに邁進《まいしん》していこう！

（二〇一九年三月三日）

壮年部結成《けっせい》50周年

不撓《ふとう》の黄金柱《おうごんばしら》たれ

わが壮年部が意気軒昂《いきけんこう》であれば、
婦人部が喜《よろこ》んでくださる。
青年部も快活《かいかつ》に続《つづ》く。
未来部も強《つよ》く元気《げんき》に育《そだ》つ。
地域《ちいき》も社会《しゃかい》も刮目《かつもく》する。
「黄金柱《おうごんばしら》」とは、
一切《いっさい》を黄金に変《か》えゆく柱だ。
大変《たいへん》であるほど、題目《だいもく》だ。
この無敵《むてき》の師子吼《ししく》で
雄渾《ゆうこん》なる大生命力《だいせいめいりょく》を発揮《はっき》し、

断《だん》じて勝ち抜《ぬ》くのだ。

たとえ年齢《ねんれい》を重《かさ》ねても、
元気のない声《こえ》ではいけない。
生《い》き生《い》きと語《かた》るのだ。
壮年部は、凱旋将軍《がいせんしょうぐん》のごとく
胸《むね》を張《は》って、朗《ほが》らかに進《すす》もう!
青年と一緒《いっしょ》に、
全力《ぜんりょく》をあげて戦《たたか》おう!
その人こそが、若《わか》い生命になる。
その人が幸福《こうふく》なのである。

だれが見ていようといまいと、
自《みず》ら決《き》めた人生の道を、

1987年6月、フランス・パリ

いよいよ勢《いきお》いを増《ま》しながら、
荘厳《そうごん》なる完成《かんせい》へと生き抜いていく。
信心と人格《じんかく》のうえでも、
社会人《しゃかいじん》としても、
あらゆる面《めん》で一歩《いっぽ》も退《ひ》くことなく、
向上《こうじょう》の坂《さか》をたくましく
上《のぼ》り続けていく。
そこに価値《かち》ある
〝壮年〟の生き方《かた》がある。

私と最《もっと》も長《なが》く、
今世《こんぜ》の人生を共《とも》にしてきた、
わが戦友《せんゆう》の壮年部よ！
宿縁深《しゅくえんふか》く、共戦譜《きょうせんふ》を綴《つづ》りゆく

真金《しんきん》の君《きみ》たちよ！
金《きん》が朽《く》ちないように、
何《なに》があろうが、
厳然《げんぜん》と庶民《しょみん》を愛《あい》し、護《まも》り、
輝《かがや》かせゆく「黄金柱」たれ！
その尊《とうと》き生涯《しょうがい》を、
これからも私と共に、
同志《どうし》と共に、
広宣流布《こうせんるふ》の大願《だいがん》の実現《じつげん》に
尽《つ》くそうではないか！

（二〇一六年三月五日）

女性の力《ちから》は社会《しゃかい》の希望《きぼう》

新《あら》たな社会《しゃかい》の希望《きぼう》の活力《かつりょく》は、
女性のソフト・パワーである。
女性の知恵《ちえ》が発揮《はっき》されれば、
職場《しょくば》であれ、地域《ちいき》であれ、
創造性《そうぞうせい》が漲《みなぎ》り、
調和《ちょうわ》が図《はか》られていく。
女性が安心《あんしん》して
伸《の》びやかに働《はたら》ける社会を
皆《みな》で作《つく》っていくことが大切《たいせつ》である。

働くこと、子を育《そだ》てること、

1988年2月、タイ・バンコク

妻《つま》であること。また娘《むすめ》であること、
地域の一員《いちいん》であること、
学《まな》ぶこと——
それらが互《たが》いにぶつかりあい、
悩《なや》みながらも、
なおすべてを
自分《じぶん》の成長《せいちょう》の糧《かて》にしようと
心《こころ》が定《さだ》まった時《とき》、
初《はじ》めて、
女性は一個《いっこ》の太陽《たいよう》になれる。

母の楽観主義《らっかんしゅぎ》の光《ひかり》は、
地域の太陽となり、
世界平和《せかいへいわ》の太陽として、

昇《のぼ》り輝《かがや》いている。
私たちは、
この健気《けなげ》な母を幸福《こうふく》にする
「責任《せきにん》」がある。
いな「使命《しめい》」がある。
これが「人生」だ。
この平凡《へいぼん》にして偉大《いだい》な母を
幸福にしていくことこそが、
全《ぜん》世界の
平和への第一歩《だいいっぽ》なのだ。

本当《ほんとう》に強《つよ》い人とは、
「心の強い人」である。
ゆえに、永遠《えいえん》にして

宇宙大《うちゅうだい》の妙法《みょうほう》を強盛《ごうじょう》に信《しん》じぬく、
婦人部・女子部の皆さんは、
最《もっと》も強い人である。
どんな宿命《しゅくめい》にも、どんな困難《こんなん》にも、
負《ま》けるわけがない。必《かなら》ず勝てる。
必ず乗《の》り越《こ》えていける。
皆が仰《あお》ぎ見るような、
晴《は》ればれとした勝利の大境涯《だいきょうがい》を、
必ずや開《ひら》いていけるのである。

（二〇一七年二月二十六日）

夏

Summer

「一人立《ひとりた》つ勇気」を湧《わ》きいだせ

失《うしな》った過去《かこ》は取《と》り戻《もど》せない。
だが、未来は
誰人《たれびと》にも平等《びょうどう》にやってくる。
「未来の果《か》を知《し》らんと欲《ほっ》せば
其《そ》の現在《げんざい》の因《いん》を見よ」と。
今この時《とき》を、いかに戦《たたか》うか。
次《つぎ》の瞬間《しゅんかん》を、いかに動《うご》くか。
そして今日《きょう》の一日《いちにち》を、
いかに価値的《かちてき》に使《つか》うか。
その連続闘争《れんぞくとうそう》の中《なか》に、
勝利の因がある。

真剣《しんけん》な人間は、誠実《せいじつ》である。
真剣な人生には、充実《じゅうじつ》がある。
真剣に祈《いの》れば、智慧《ちえ》が湧《わ》く。
真剣に動けば、道は開《ひら》ける。
真剣に語《かた》れば、敵《てき》も味方《みかた》に変《か》わる。

真剣に戦えば、
必《かなら》ず諸天善神《しょてんぜんじん》の守護《しゅご》が現《あらわ》れる。
策《さく》でもなければ、要領《ようりょう》でもない。
「法華経《ほけきょう》の兵法《へいほう》」に徹《てっ》して
戦い抜《ぬ》く執念《しゅうねん》こそが、
最強《さいきょう》なのだ。

「前進《ぜんしん》!」——この一言《ひとこと》に、

1986年6月、兵庫

光《ひかり》がある。翼《つばさ》がある。
青春《せいしゅん》がある。建設《けんせつ》がある。
民衆《みんしゅう》の勝鬨《かちどき》がある。
闇《やみ》を切《き》り裂《さ》く剣《つるぎ》がある。
「民主主義《みんしゅしゅぎ》」とは、
英雄《えいゆう》がいなくなり、
万人《ばんにん》が平等に
凡人《ぼんじん》になることではない。
反対《はんたい》だ。
万人が、すべての男女《だんじょ》が、
英雄の気迫《きはく》で立《た》ち上《あ》がってこそ、
「民主主義」に魂《たましい》が吹《ふ》き込《こ》まれる。

広宣流布《こうせんるふ》は、常《つね》に、

「一人立《ひとりた》つ精神《せいしん》」から始《はじ》まる。
これは、三世永遠《さんぜえいえん》に
変わらぬ法則《ほうそく》であり、
人間世界《せかい》の絶対《ぜったい》なる
真実《しんじつ》の歩《あゆ》みである。
ゆえに、決然《けつぜん》と
「一人立つ人間」がいれば、
必ずや正義《せいぎ》の旗《はた》は翻《ひるがえ》り、
勝利の波《なみ》が湧き起《お》こるのだ。

（二〇一六年六月十九日）

人生の勝利王たれ

社会的《しゃかいてき》には、
どういう立場《たちば》であれ、
父は父である。
父それ自体《じたい》が偉大《いだい》なのである。
父であるならば、
父としての責務《せきむ》と、
皆《みな》を守《まも》り包容《ほうよう》していく
偉大な心《こころ》であれ！
妻《つま》にも、子《こ》どもにも、
幸福《こうふく》と安穏《あんのん》を贈《おく》り、
人生の深《ふか》き道を教《おし》えていくのが、

1994年8月、青森

偉大な父としての使命《しめい》である。

親《おや》は子どもにとって、
最《もっと》も身近《みぢか》な人生の先輩《せんぱい》ともいえる。
平凡《へいぼん》であってよい。
地味《じみ》であってもよい。
失敗《しっぱい》があってよい。

しかし、
人間としての確《たし》かなる完成《かんせい》、
また虚栄《きょえい》ではない、
真実《しんじつ》の栄光《えいこう》を見つめた
自《みずか》らの生《い》き方《かた》の軌跡《きせき》を、
子どもに
示《しめ》しゆける存在《そんざい》でありたい。

健気《けなげ》に広宣流布《こうせんるふ》を
進《すす》めてくださっている女性に、
心から感謝《かんしゃ》し、
敬意《けいい》を表《ひょう》しながら進《すす》む。
そして、女性を守り、
先頭《せんとう》に立《た》って戦《たたか》う。
男性は、そうした紳士《しんし》でありたい。
「女性を大事《だいじ》に」
――これが創価学会の伝統《でんとう》である。

人生は航海《こうかい》の如《ごと》し。
ゆえに、荒《あ》れ狂《くる》う怒濤《どとう》を
ものともせぬ巌《いわお》の如き信念《しんねん》で、

わが航路《こうろ》を切《き》り開《ひら》いていくことだ。
嵐《あらし》になればなるほど、
「さあ来《こ》い」と
激《はげ》しい闘志《とうし》を燃《も》え上《あ》がらせて、
雄渾《ゆうこん》の名指揮《めいしき》を執《と》りゆくことだ。
その悪戦苦闘《あくせんくとう》のなかでこそ、
常勝不敗《じょうしょうふはい》の熟練《じゅくれん》の智慧《ちえ》が磨《みが》かれる。
そして、
勝利王の歴史《れきし》が刻《きざ》まれていくのだ。
（二〇一八年六月十七日）

師弟《してい》の道は　永遠《えいえん》の正義《せいぎ》の道

偉大《いだい》な師匠《ししょう》を持つ人生は、
幸福《こうふく》である。
偉大な師匠の弟子《でし》として
生《い》きゆく人生ほど、
強《つよ》く、深《ふか》く、美《うつく》しい劇《げき》はない。
「師弟不二《していふに》」なれば、
何《なに》ものにも揺《ゆ》るがない。
「師弟不二」なれば、
何ものをも恐《おそ》れない。
「師弟不二」こそ、究極《きゅうきょく》の
「絶対《ぜったい》勝利の力《ちから》」なのである。

出会《であ》い――そこには、
生命《せいめい》と生命の触《ふ》れ合《あ》いがある。
魂《たましい》と魂の啓発《けいはつ》がある。

人は出会いの中《なか》で
新《あたら》しい自分《じぶん》を発見《はっけん》し、磨《みが》かれる。

善《よ》き出会いは、
より善く生きるための相互作用《そうごさよう》だ。

自分の小《ちい》さな殻《から》を破《やぶ》り、
他者《たしゃ》と共《とも》に、他者のために――
このダイナミックな交流《こうりゅう》の中でこそ
成長《せいちょう》できる。境涯《きょうがい》も変《か》えられる。

仏法《ぶっぽう》の師弟は永遠《えいえん》不滅《ふめつ》である。

1994 年 8 月、北海道

私は「月月《つきづき》・日日《ひび》に」、
恩師《おんし》・戸田《とだ》城聖《じょうせい》先生《せんせい》と前進《ぜんしん》している。
師弟は一体《いったい》である。
同《おな》じ目的《もくてき》に向《む》かって、
同じ責任《せきにん》を持って、
同じ戦《たたか》いをしていくのだ。
恩師は、私の血潮《ちしお》の中に
厳然《げんぜん》と生き続《つづ》けておられる。
今世《こんぜ》も一緒《いっしょ》であり、
三世《さんぜ》にわたって一緒である。

わが師弟不二への決意《けつい》は
偉大なる創価の足取《あしど》りとなって
一段《いちだん》と力強《ちからづよ》く

一段と朗《ほが》らかに
一段と厳然《げんぜん》と
前進を続け始《はじ》めた。
正義《せいぎ》と真実《しんじつ》の
師弟不二の私は
永遠なる勝利へ
永遠なる栄光《えいこう》へ
永遠なる完勝《かんしょう》へと
戦い続けていくのだ。
広宣流布《こうせんるふ》のために！

（二〇一六年八月十四日）

団結《だんけつ》こそ人間勝利の証《あか》し

団結《だんけつ》の力《ちから》は、
たんなる「足《た》し算《ざん》」ではない。
何倍何十倍《なんばいなんじゅうばい》にも威光勢力《いこうせいりょく》を増《ま》す
「掛《か》け算《ざん》」なのである。
和気《わき》あいあいとした団結の姿《すがた》は、
それ自体《じたい》、人間共和《きょうわ》の縮図《しゅくず》である。
この団結のなかにこそ、
「境涯革命《きょうがいかくめい》」がある。
利己主義《りこしゅぎ》や自分本位《じぶんほんい》の我見《がけん》では、
皆《みな》と心《こころ》を合《あ》わせることが
できないからだ。

1995年10月、兵庫

ゆえに、団結できるということは、
自身《じしん》のエゴに打《う》ち勝った
人間勝利の証《あか》しなのである。

自分に光《ひかり》は当《あ》たらなくとも、
新《あたら》しい青年たちを励《はげ》まし、
黙々《もくもく》と皆のために
尽《つ》くす存在《そんざい》は貴重《きちょう》である。
組織《そしき》が強《つよ》くなり、
発展《はってん》していくには、
リーダーのもとに、
そうした陰《かげ》の力となる人が、
どれだけいるかが決《き》め手《て》となる。
広宣流布《こうせんるふ》とは、

結局《けっきょく》は連携《れんけい》プレーであり、
団結のいかんにかかっている。

異体同心《いたいどうしん》の信心で、
皆が心を一《ひと》つにして、
一緒《いっしょ》になって祈《いの》っていくことだ。
皆で破邪顕正《はじゃけんせい》の勝利を祈ることが、
師子王《ししおう》の題目《だいもく》となる。

皆で祈れば、
広宣流布の歯車《はぐるま》は、
勢《いきお》いを増して回転《かいてん》していく。

祈りこそが
「最高《さいこう》の戦力《せんりょく》」であり、
「無限《むげん》の闘争《とうそう》の力」なのである。

勝利の方程式《ほうていしき》は、常《つね》に変《か》わらない。
一人《ひとり》一人の
「勇気ある信心」で勝つ！
一日《いちにち》一日の
「誠実《せいじつ》なる振《ふ》る舞《ま》い」で勝つ！
そして、
「異体同心の団結」で勝つ！
我《われ》ら創価家族《かぞく》は、
不屈《ふくつ》の負《ま》けじ魂《だましい》で前進《ぜんしん》だ。

（二〇一九年六月二十三日）

生《い》きることは「学《まな》ぶこと」

「生《い》きること」は、
即《そく》「学《まな》ぶこと」であり、
「生活《せいかつ》の現場《げんば》」を、
即「成長《せいちょう》の道場《どうじょう》」と
していくなかに、
人間教育《きょういく》の芸術《げいじゅつ》が
あるといっても、
決《けっ》して過言《かごん》ではない。
自《みず》らの可能性《かのうせい》を
開花《かいか》させていく上《うえ》では、
自らと

異《こと》なるものと出《で》あい、
そこから積極果敢《せっきょくかかん》に
学びとっていくことが、
絶対《ぜったい》に不可欠《ふかけつ》である。

「学ぶ」という
命《いのち》の構《かま》えが確立《かくりつ》した人は、
どんなに苦《くる》しい現実《げんじつ》に
直面《ちょくめん》しても、
その苦悩《くのう》に引《ひ》きずられて
しまうことはない。
一切《いっさい》を、自らの向上《こうじょう》と
創造《そうぞう》と勝利のバネに
転《てん》じられるからだ。

2019年7月、東京

何《なん》のために学ぶのか。
身《み》に付《つ》けた英知《えいち》は、
誰《だれ》のために使《つか》うのか。

あくまでも、
民衆《みんしゅう》の幸福《こうふく》のためである。
この責任感《せきにんかん》に徹《てっ》する時《とき》、
真実《しんじつ》の才能《さいのう》は
行き詰《づ》まることなく、
十全《じゅうぜん》に発揮《はっき》されるだろう。

人は、「教育」によって、
初《はじ》めて「人間」となる。
単《たん》なる

知識《ちしき》の伝授《でんじゅ》ではない。
才能の開発《かいはつ》だけでもない。
教育とは、
過去《かこ》から未来《みらい》へ向《む》かって、
「人間性」を確実《かくじつ》に
継承《けいしょう》しゆく大道《だいどう》である。
わが愛《あい》する創価大学よ！
創価大学は、
私の生命《せいめい》そのものだ。
創価大学がある限《かぎ》り、
牧口《まきぐち》・戸田《とだ》両先生《りょうせんせい》から
受《う》け継《つ》いだ
人間教育の崇高《すうこう》な魂《たましい》は、
永遠《えいえん》に不滅《ふめつ》である。

「学《がく》は光《ひかり》」である。
生涯《しょうがい》、学び続《つづ》けることだ。
成長し続けることだ。
その人が、
人生の勝利者と
光《ひか》っていくことができる。
自身《じしん》のなかに
確固《かっこ》たる規範《きはん》はあるか。
哲学《てつがく》はあるか――
それによって、
人物《じんぶつ》の偉大《いだい》さは決《き》まる。

（二〇一九年九月二十九日）

未来部の成長《せいちょう》を世界《せかい》が待《ま》つ

未来部の一人一人《ひとりひと》こそが、
全宇宙《ぜんうちゅう》にも等しい
尊極《そんごく》の宝《たから》の生命《せいめい》そのものである。
どれほど素晴《すば》らしい智慧《ちえ》を持ち、
才能《さいのう》を持っていることか。
使命《しめい》のない子《こ》など
一人としていない。

たとえ、君《きみ》が、貴女《あなた》が、
自信《じしん》を持てなくても、
私は皆《みな》さんを信《しん》じます。

皆さんの無限《むげん》の可能性《かのうせい》を信じます。
皆さんの無敵《むてき》の勇気を信じます。
「できない」理由《りゆう》を探《さが》すよりも、
「できる」と決《き》めて、
努力《どりょく》した方《ほう》が絶対《ぜったい》にいい。
仮《かり》に思《おも》った通《とお》りの結果《けっか》が
出《で》なかったとしても、
努力したことは、必《かなら》ず生《い》きる。

お父さん、お母さんに
楽《らく》をさせてあげるんだ。
立派《りっぱ》になって喜《よろこ》んでもらうんだ――
そう決意《けつい》できる人は強《つよ》い。
親孝行《おやこうこう》をしようという心《こころ》が、

2019年8月、長野

自分自身《じぶんじしん》を成長《せいちょう》させるのです。
皆さんは、ご両親《りょうしん》に感謝《かんしゃ》の言葉《ことば》を
伝《つた》えていける人であってほしい。
劇《げき》を演《えん》じるようなつもりで、
心の思いを言葉にしていくのです。
皆さんの真心《まごころ》の言葉が、
どれほどうれしいか。
どうか、聡明《そうめい》で朗《ほが》らかな家庭《かてい》を
つくっていってください。

尊《とうと》き宝の君たちよ!
ぼくの開《ひら》いた平和《へいわ》の道、
友情《ゆうじょう》の道を、さらに大《おお》きく広《ひろ》げ、
この地上《ちじょう》から、貧困《ひんこん》を、飢《き》餓《が》を、

差別《さべつ》を、戦争《せんそう》を、あらゆる悲惨《ひさん》を、
必ずや根絶《こんぜつ》してくれたまえ。
そのために、強《つよ》くあれ！
勇敢《ゆうかん》であれ！　聡明であれ！
自分を鍛《きた》え、挑戦《ちょうせん》し、
貪欲《どんよく》に学《まな》ぶのだ。
君たちの成長を、
胸《むね》を躍《おど》らせながら、
ぼくは待《ま》っている。
世界《せかい》が待っている。

（二〇一九年八月十八日）

秋

Autumn

誓願《せいがん》掲《かか》げて一人立《ひとりた》つ

創立《そうりつ》の月《つき》だ。
創価学会の「創立の精神《せいしん》」とは
「師弟《してい》の精神」である。
牧口常三郎《まきぐちつねさぶろう》先生《せんせい》、戸田城聖《とだじょうせい》先生の
不惜身命《ふしゃくしんみょう》の大闘争《だいとうそう》の中《なか》に、
永遠《えいえん》の学会精神が輝《かがや》いている。
この精神を忘《わす》れれば、
大切《たいせつ》な和合《わごう》のスクラムが、
魔《ま》に分断《ぶんだん》されてしまう。
どこまでも、
師弟不二《ふに》の大道《だいどう》を歩《あゆ》み抜《ぬ》くのだ。

いかなる時《とき》も、私の心《こころ》の中には、
戸田先生がおられる。
師弟とは、人間の究極《きゅうきょく》の道である。

名誉《めいよ》も、肩書《かたがき》も私財《しざい》も眼中《がんちゅう》にない。
ただ民衆《みんしゅう》のため、
ただ皆《みな》の幸《しあわ》せのために
叫《さけ》びきっていく、戦《たたか》い抜いていく、
命《いのち》をかけて走《はし》り抜いていく。
これが学会の根本《こんぽん》精神である。

今、自分《じぶん》がいるその場所《ばしょ》で、
誓願《せいがん》を掲《かか》げて、一人立《ひとりた》つのである。
広布《こうふ》の大願《だいがん》を果《は》たすために、

1990年8月、長野

断固《だんこ》と、新《あら》たな戦いを起《お》こすのだ。
その勇者《ゆうしゃ》の胸中《きょうちゅう》にこそ、
「創立」の精神は
生《い》き生きと脈動《みゃくどう》していく。
その創価の同志《どうし》の行動《こうどう》が、
一人また一人と
波動《はどう》していくところに、
日蓮大聖人《にちれんだいしょうにん》の御振《おふ》る舞《ま》いに直結《ちょっけつ》した
「法華経《ほけきょう》の行者《ぎょうじゃ》」の群像《ぐんぞう》が
林立《りんりつ》するのである。

愛《あい》する青年たちよ！
青年の魂《たましい》を持てる
地涌《じゆ》の同志たちよ！

たゆまず朗《ほが》らかに、
広布拡大《かくだい》の大誓願に
勇《いさ》んで躍《おど》り立て！
不思議《ふしぎ》なる縁《えにし》に結《むす》ばれた我《われ》らは、
「世界《せかい》広布」即《そく》「世界平和《へいわ》」という
人類《じんるい》のロマンに生き抜く旅《たび》を
決意《けつい》新たに始《はじ》めよう。
栄光《えいこう》輝く
創立百周年《ひゃくしゅうねん》の大海原《おおうなばら》を目指《めざ》して！

（二〇一八年十一月十一日）

世界《せかい》の友《とも》と希望《きぼう》の前進《ぜんしん》

世界《せかい》のＳＧＩの同志《どうし》が
広宣流布《こうせんるふ》の真剣《しんけん》な実践《じっせん》に
立《た》ち上《あ》がっていくことが
できたのは、なぜか。
それは、牧口先生《まきぐちせんせい》、
戸田《とだ》先生という創価の師《し》が
日蓮大聖人《にちれんだいしょうにん》の
御精神《ごせいしん》のままに、
不惜身命《ふしゃくしんみょう》・死身弘法《ししんぐほう》で
広宣流布のために戦《たたか》い、
それを私たちに

2000 年 4 月、東京

教《おし》えてくださったからだ。
広宣流布のために
苦労《くろう》したことは、
すべて三世永遠《さんぜえいえん》にわたる
一家眷属《いっかけんぞく》の福運《ふくうん》になる。

法華経《ほけきょう》の方便品《ほうべんぼん》には
「如我等無異《にょがとうむい》」――
「我《わ》が如《ごと》く等《ひと》しくして
異《こと》なること無《な》からしめん」
とある。
全民衆《ぜんみんしゅう》を、自分《じぶん》と同《おな》じ
境涯《きょうがい》にまで高《たか》めたい。
それが仏《ほとけ》の誓願《せいがん》である。

その心《こころ》を、わが心として
不二《ふに》の道を進《すす》んでいけば、
仏と不二の境涯になる。
それが法華経の真髄《しんずい》だ。
その真髄を体現《たいげん》したのが、
創価学会である。
わが身《み》をなげうって、
不幸《ふこう》の人《ひと》、貧《まず》しい人、
苦《くる》しむ人を救《すく》っていく。
これが学会の 魂《たましい》である。

「こんなに
幸《しあわ》せになれるなんて」――
私の誇《ほこ》りは、

わが愛《あい》する同志には、
このような人生の実感《じっかん》を
味《あじ》わってきた方々《かたがた》が
日本中《にほんじゅう》、世界中にいる
ということである。
経済苦《けいざいく》、病苦《びょうく》、
人間関係《かんけい》の苦悩《くのう》、
自身《じしん》の性格《せいかく》の悩《なや》み等々《とうとう》、
宿命《しゅくめい》と苦悩の闇《やみ》を
乗《の》り越《こ》えてきた幸福博士《こうふくはかせ》が
大勢《おおぜい》いらっしゃる。
いかなる苦難《くなん》も
幸福に転《てん》じていける
大法《だいほう》が妙法《みょうほう》である。

最《もっと》も不幸《ふこう》に苦しんだ人が
最高《さいこう》に幸福な人になるのが
仏法《ぶっぽう》である。

自他共《じたとも》の幸福を築《きず》きゆく、
正《ただ》しき人生の道を
前進《ぜんしん》しよう！
地域《ちいき》の同志と、
仲良《なかよ》く朗《ほが》らかに、
励《はげ》まし合《あ》いながら！
世界の同志と、
希望《きぼう》のスクラムも固《かた》く！

（二〇一九年十一月十日）

友情《ゆうじょう》と信頼《しんらい》の懸《か》け橋《はし》を！

友情《ゆうじょう》ほど、人生の勝利と
栄光《えいこう》の縮図《しゅくず》となるものはない。
友情と信義《しんぎ》に生《い》き抜《ぬ》く人《ひと》は、
何倍《なんばい》も価値《かち》ある青春《せいしゅん》を築《きず》き、
何倍も価値ある人生を
勝ち取《と》っていくことができる。
友情は、永遠《えいえん》に朽《く》ちることのない
人生の宝《たから》であり、
自身《じしん》の勝利の証《あか》しでもある。

人を尊敬《そんけい》する人は、

1994年12月、淡路島から四国を臨む

人からも尊敬される。
人に慈愛《じあい》をそそぐ人は、
自分《じぶん》も人から守《まも》られる。
環境《かんきょう》とは、根本的《こんぽんてき》には
「自分の姿《すがた》が映《うつ》った」結果《けっか》である。

釈尊《しゃくそん》は「自分から先《さき》に
話《はな》し掛《か》ける人」であった。
自《みずか》らが明《あか》るく
爽《さわ》やかに声《こえ》を掛けて、
相手《あいて》の心《こころ》を開《ひら》いていく。
いささかも権威《けんい》ぶらない。
この人間性そのものの振《ふ》る舞《ま》いに、
生《い》きた仏法《ぶっぽう》の出発《しゅっぱつ》がある。

一《ひと》つの言葉《ことば》で
争《あらそ》いもすれば、
仲直《なかなお》りもできる。
一つの言葉が
忘《わす》れ得《え》ぬ希望《きぼう》の人生の
きっかけにもなる。
一つの言葉は
一つの心をもっている。
ゆえに言葉を大切《たいせつ》にすることは、
心を大切にすることに通《つう》じる。
対話《たいわ》という〝懸《か》け橋《はし》〟がなければ、
人々《ひとびと》の心は

通じ合《あ》うことができない。
人々の心と心に
〝懸け橋〟を築いていくことは、
仏法者《ぶっぽうしゃ》の使命《しめい》である。
妙法《みょうほう》に照《て》らされた
出会《であ》いと友情こそ、
もっとも深《ふか》い信頼《しんらい》と安心《あんしん》、
そして〝魂《たましい》の触発《しょくはつ》〟をもたらす
最極《さいごく》の絆《きずな》となるのだ。

（二〇一六年十月九日）

結合《けつごう》は善《ぜん》、対話《たいわ》は平和《へいわ》の礎《いしずえ》

わが友《とも》は、
地道《じみち》に、堅実《けんじつ》に、そして誠実《せいじつ》に
「信頼《しんらい》の橋《はし》」を架《か》け、
「友情《ゆうじょう》の花《はな》」を広《ひろ》げてこられた。
仏法《ぶっぽう》では、
最高《さいこう》の人間主義《しゅぎ》の指導者《しどうしゃ》を
「大橋梁《だいきょうりょう》」に譬《たと》える。
いわば、仏法者《ぶっぽうしゃ》とは、
「橋を架ける人」である。
人と人との間《あいだ》に垣根《かきね》をつくらず、
「人間の心《こころ》を結《むす》ぶ人」なのである。

今、世界《せかい》に必要《ひつよう》なのは
「文明《ぶんめい》の交流《こうりゅう》」であり、
「文明間《かん》の対話《たいわ》」である。
そこから友情が生《う》まれる。
友情が生まれれば平和《へいわ》が生まれる。
皆《みな》さまも、皆さまの立場《たちば》で、
友好《ゆうこう》を広げる対話をお願《ねが》いしたい。
「本当《ほんとう》に裕福《ゆうふく》な人とは
友人《ゆうじん》の多《おお》い人」という言葉《ことば》もある。
友人が広がることが、
自分《じぶん》の人生が広がることである。

真《しん》の寛容《かんよう》とは、

1991年9月、アメリカ・ボストン

人間の尊厳《そんげん》と平等性《びょうどうせい》を脅《おびや》かす
暴力《ぼうりょく》や抑圧《よくあつ》を断《だん》じて許《ゆる》さず、
万人尊敬《ばんにんそんけい》の思想《しそう》を掲《かか》げて、
民衆《みんしゅう》を苦《くる》しめる魔性《ましょう》と
戦《たたか》うことである。

そして「生命《せいめい》を手段化《しゅだんか》する思想」
「人を差別《さべつ》・分断《ぶんだん》する思想」が
広がっているならば、
その精神的土壌《せいしんてきどじょう》となっている元凶《げんきょう》を
強《つよ》く打《う》ち破《やぶ》らなければならない。
人々《ひとびと》を不幸《ふこう》に陥《おとしい》れる無明《むみょう》との戦い。
これが日蓮《にちれん》仏法の
折伏《しゃくぶく》精神の根幹《こんかん》にほかならない。

平和は遠《とお》くにあるのではない。
今、自分がいるその場所《ばしょ》で
「仲良《なかよ》き世界を!」と努力《どりょく》しゆく
聡明《そうめい》な心の波動《はどう》から、
充実《じゅうじつ》と満足《まんぞく》の平和が広がる。
「破壊《はかい》」と「分断」の悪の力《ちから》が
強ければ強いほど、
それを凌駕《りょうが》する
「建設《けんせつ》」と「結合《けつごう》」の善《ぜん》の力を、
断固《だんこ》と強めていくことだ。

(二〇一六年九月十一日)

青年と共《とも》に偉大《いだい》な人生を

大《おお》いなる理想《りそう》に生《い》きる——
そこに青年の証《あか》しがある。
そして偉大《いだい》なる人生とは
〝青年の心《こころ》〟で
一生《いっしょう》を生き抜《ぬ》くところにある。

若《わか》き挑戦《ちょうせん》の魂《たましい》に
行き詰《づ》まりはない。
全《すべ》ては〝行動《こうどう》〟から始《はじ》まる。
行動を開始《かいし》すれば、知恵《ちえ》がわく。
「道」が見えてくる。

1994年5月、アルプス山脈

道があるから歩《ある》くのではない。
歩くから道ができるのである。

若いということは、それだけで、
いかなる権力者《けんりょくしゃ》も敵《かな》わない
「無限《むげん》の財宝《ざいほう》」をもっている。

くよくよと
後《うし》ろを振《ふ》り向《む》く必要《ひつよう》など、
まったくない。
まず今いる、その場所《ばしょ》で、
自分《じぶん》らしく光《ひか》っていくことだ。
信頼《しんらい》を勝ち取《と》っていくことだ。

あの大歴史家《だいれきしか》トインビー博士《はかせ》の

「若さ」の秘訣《ひけつ》は明快《めいかい》であった。
「次《つぎ》の世代《せだい》に
起《お》ころうとしていることに、
ほんとうに
関心《かんしん》をもつこと」※である。
人生の総仕上《そうしあ》げとは、
過去《かこ》の肩書《かたがき》など取り払《はら》って、
未来のため、青年のために、
心を砕《くだ》き、知恵を出《だ》し、
手《て》を打《う》つことなのだ。

私は青年を信《しん》ずる。
一点《いってん》の曇《くも》りもなく、
わが弟子《でし》を信じている。

青年には、限《かぎ》りない宝《たから》がある。
それは誠実《せいじつ》だ。正義《せいぎ》だ。勇気だ。
青春《せいしゅん》には、誇《ほこ》り高《たか》き使命《しめい》がある。
それは行動だ。前進《ぜんしん》だ。勝利だ。
君《きみ》たちよ！　あなたたちよ！
青春の生命《せいめい》の本領《ほんりょう》を
大いに発揮《はっき》し、
私と共《とも》に、新時代《しんじだい》を断固《だんこ》として
勝ち飾《かざ》ろうではないか！

（二〇一八年一月七日）

※トインビーの言葉は『日本の活路』（国際ＰＨＰ研究所）、引用文は松岡紀雄訳

女性の声《こえ》が時代《じだい》を変《か》える

人の気持《きも》ちに敏感《びんかん》な、
聡明《そうめい》な女性の会話《かいわ》。
その力《ちから》は厚《あつ》い鉄《てつ》の
心《こころ》の扉《とびら》をも開《ひら》く
力をもっている。
女性の正義《せいぎ》の「声《こえ》」は、
人々《ひとびと》を動《うご》かし、
時代《じだい》を変《か》えていく。

私の心に
「平和《へいわ》の文化《ぶんか》」の原形《げんけい》を

育《はぐく》んでくれたのは、
まぎれもなく母であった。
そして、
わが師《し》・戸田先生《とだせんせい》との
出会《であ》いと仏法《ぶっぽう》の信仰《しんこう》が、
私の平和への熱願《ねつがん》を、
不動《ふどう》の哲学《てつがく》にしたのだ。
日蓮《にちれん》仏法は教《おし》える。
一個《いっこ》の人間における
一念《いちねん》の変革《へんかく》から、
人生も、地域《ちいき》も、社会《しゃかい》も、
世界《せかい》も、善《ぜん》の方向《ほうこう》へ
変えていけるのだと。
平和の第一歩《だいいっぽ》は、

2019 年 9 月、創価世界女性会館

平和が可能《かのう》だという
確信《かくしん》である。
その信念《しんねん》に燃《も》えた
偉大《いだい》なピースメーカー
（平和を創造《そうぞう》する人）の
先駆者《せんくしゃ》であり、
「女性の世紀《せいき》」の主役《しゅやく》こそ、
わが創価の母たちである。

仏法は
「変毒為薬《へんどくいやく》」の大法《だいほう》である。
何《なに》があろうとも、
必《かなら》ず乗《の》り越《こ》えていける。
ゆえに宿命転換《しゅくめいてんかん》の戦《たたか》いに、

断《だん》じて負《ま》けてはならない。
どんなに
大変《たいへん》なことがあろうと、
妙法《みょうほう》を唱《とな》え、
仏意《ぶつい》仏勅《ぶっちょく》の学会とともに
生《い》きぬく人は、
厳《げん》として守護《しゅご》され、
必《かなら》ずや
良《よ》い方向《ほうこう》へ向《む》かっていく。
所願満足《しょがんまんぞく》の幸福《こうふく》の軌道《きどう》を
歩《あゆ》んでいけることは、
御聖訓《ごせいくん》に照《て》らして、
間違《まちが》いない。

私たちには、
世界を新《あたら》しくする力が、
世界を活気《かっき》づける
希望《きぼう》の力がある！
ゆえに、前《まえ》へ！
また断固《だんこ》として、
前へ進《すす》むのだ！
今再《ふたた》び、眼前《がんぜん》の現実《げんじつ》に
勇敢《ゆうかん》に挑《いど》みゆくのだ！
その人が、最高《さいこう》の勝利の
人間なのである。

（二〇一九年十月二十日）

「感謝《かんしゃ》の心《こころ》」で人生は豊《ゆた》かに

感謝《かんしゃ》の心《こころ》は美《うつく》しい。
自《みずか》らに縁《えん》した人《ひと》を
大事《だいじ》にしていこうという
心の余裕《よゆう》が、
人生を豊《ゆた》かにする。
美しくする。

新渡戸稲造《にとべいなぞう》博士は
「恩《おん》」を知《し》る大切《たいせつ》さを
述《の》べている。
「偉大《いだい》なる心は

「常《つね》に感恩《かんおん》の情《じょう》に満《み》つ」※
感謝の人は成長《せいちょう》できる。
恩を忘《わす》れた時《とき》から、
人間の堕落《だらく》が始《はじ》まる。
恩を知ることが
人間の道だ。

愚痴《ぐち》と文句《もんく》は、
歓喜《かんき》を奪《うば》い去《さ》り、
心をすさんだものにし、
自分《じぶん》で自分を
不幸《ふこう》にしていく。
反対《はんたい》に、
「ありがたいな」という

2010年3月、東京

感謝の思《おも》いは、
歓喜を
燃《も》え上《あ》がらせていく。
そして、歓喜は
自《みずか》らの心を豊かにし、
幸福《こうふく》にする。

創価学会には、
誰《だれ》も見ていないところで、
広布《こうふ》のため、同志《どうし》のため、
また地域《ちいき》のために、
地道《じみち》に真剣《しんけん》に
努力《どりょく》している人が
数多《かずおお》くいる。

その人たちのおかげで
学会は発展《はってん》してきた。
そういう陰《かげ》の立場《たちば》の人を、
心から
大切にしていくことだ。
その功労《こうろう》をたたえ、
温《あたた》かく励《はげ》まし、
深《ふか》く深く感謝できる人で
あっていただきたい。

私は毎日《まいにち》、
全学会員の方々《かたがた》に感謝し、
健康《けんこう》、長寿《ちょうじゅ》、無事故《むじこ》を
真剣に祈《いの》っている。

来《く》る日《ひ》も来る日も、
一生懸命《いっしょうけんめい》に広布に走《はし》る
学会員の皆《みな》さまは、
地涌《じゆ》の菩薩《ぼさつ》であり、
御本仏《ごほんぶつ》の
お使《つか》いであられる。
この世《よ》で
最《もっと》も尊《とうと》い方々なのである。
この誇《ほこ》りに燃えて、
明年《みょうねん》もそれぞれの立場で
「使命《しめい》の人生」を
戦《たたか》いましょう！

（二〇一九年十二月十五日）

※新渡戸稲造の言葉は「随想録」、『新渡戸稲造全集 第5巻』所収、教文館

冬

Winter

今いる場所《ばしょ》で輝《かがや》く人に

今、社会《しゃかい》では
人間力《りょく》が求《もと》められている。
仕事上《しごとじょう》の能力《のうりょく》だけでなく、
直面《ちょくめん》した難局《なんきょく》に、いかに挑《いど》み、
いかに価値《かち》を創造《そうぞう》するかが、
問《と》われる。

だからこそ、
辛抱強《しんぼうづよ》いことが大切《たいせつ》なのだ。
歯《は》を食《く》いしばって、
一歩《いっぽ》また一歩、
前《まえ》へ踏《ふ》み出《だ》すしかない。

不屈《ふくつ》の負《ま》けじ魂《だましい》で勝《か》ち進《すす》むのだ。

働《はたら》くとは「はた楽《らく》」
つまり「はた（そば）の人を
楽にすること」だと、
聞《き》いたことがある。
いかなる職業《しょくぎょう》であれ、
自分《じぶん》の立場《たちば》を通《とお》して人々《ひとびと》に喜《よろこ》ばれ、
社会に役立《やくだ》っていこうという
真心《まごころ》と誇《ほこ》りがあってこそ美《うつく》しい。
その真心と誇りから生《う》まれる
熱心《ねっしん》さこそ、
重《おも》い仕事《しごと》をも軽《かる》くし、
楽《たの》しい心《こころ》をもって働く力《ちから》なのだ。

2000 年 11 月、シンガポール

仏法《ぶっぽう》は「即《そく》社会」である。
「即職場《しょくば》」「即地域《ちいき》」であり、
「即家庭《かてい》」となるのである。
「即」とは、信心の一念《いちねん》だ。
人生は、
さまざまな困難《こんなん》の連続《れんぞく》である。
しかし、
信心の上《うえ》では決《けっ》して負けない。
一歩も退《しりぞ》かない。
この一念が、「即」人生の勝利、
社会での勝利を開《ひら》くのである。

人間だれしも、

自分自身《じぶんじしん》から逃《のが》れられない。
どんなに環境《かんきょう》を変《か》えてみても、
自分自身が変わらなければ、
何《なに》も変わらない。
自分自身が幸福《こうふく》をつくるのだ。
福運《ふくうん》をつけていくのだ。
人間革命しかない。
わが胸中《きょうちゅう》に
希望《きぼう》の火《ひ》を赤々《あかあか》と燃《も》やしながら、
人間革命の大道《だいどう》を朗《ほが》らかに進もう！
（二〇一八年十月二十八日）

アジア広布《こうふ》55周年

「信頼《しんらい》」と「尊敬《そんけい》」の連帯《れんたい》を

人間の善《ぜん》の絆《きずな》が拡大《かくだい》することが、
広布《こうふ》の拡大である。
私たちの実践《じっせん》で言《い》えば、
どこまでも真心《まごころ》を尽《つ》くし、
誠実《せいじつ》に身近《みぢか》な家族《かぞく》、友人《ゆうじん》、知人《ちじん》の
一人《ひとり》一人を大切《たいせつ》にすることだ。

人と人との
「信頼《しんらい》」と「尊敬《そんけい》」による
連帯《れんたい》の広《ひろ》がりが、
広宣流布《こうせんるふ》の姿《すがた》なのである。

1994年11月、福岡

現代《げんだい》の底流《ていりゅう》には、
「民衆《みんしゅう》の時代《じだい》」へ向《む》かう
確《たし》かな潮流《ちょうりゅう》がある。
しかし一方《いっぽう》で、人間を手段化《しゅだんか》し、
人間性を踏《ふ》みにじる濁流《だくりゅう》もまた
激《はげ》しくなっている。
だからこそ、
一人の「屹立《きつりつ》した人間」を
創《つく》ることが、
岐路《きろ》の時代にあって
一切《いっさい》の根幹《こんかん》となる。

苦悩《くのう》の民衆がいる限《かぎ》り、
創価学会の戦《たたか》いに終《お》わりはない。

広宣流布とは、
人類《じんるい》の苦《く》を抜《ぬ》き去《さ》り、
「慈悲《じひ》の行業《ぎょうごう》」を
世界《せかい》に広げる戦いである。
平和《へいわ》と幸福《こうふく》の種《たね》を蒔《ま》き続《つづ》ける
永遠《えいえん》の挑戦《ちょうせん》である。
我《われ》ら創価の連帯は、
この「慈悲」の精神《せいしん》で、
人類を結《むす》びゆくのだ。

地域《ちいき》の中《なか》で
友情《ゆうじょう》と信頼の絆を一《ひと》つ一つ
勝ち取《と》っていく中でこそ、
世界は平和へと

一歩一歩《いっぽ》前進《ぜんしん》する。
毎日《まいにち》の振《ふ》る舞《ま》い、
そして地道《じみち》な対話《たいわ》を通《とお》し、
「生命《せいめい》の尊厳《そんげん》」
「人間の尊厳」への
思《おも》いを高《たか》め合《あ》う中で、
「平和の文化《ぶんか》」の土壌《どじょう》は
豊《ゆた》かになり、
新《あたら》しい地球文明《ちきゅうぶんめい》は花開《はなひら》く。

（二〇一六年一月二十四日）

語《かた》った分《ぶん》だけ幸福《こうふく》は広《ひろ》がる

足元《あしもと》の地域《ちいき》から、
全《すべ》ては始《はじ》まる。
地域を学《まな》び、地域に根《ね》を張《は》り、
地域の人《ひと》びととつながる。
その地道《じみち》な草《くさ》の根《ね》の行動《こうどう》から、
時代《じだい》を変《か》える大事業《だいじぎょう》が生《う》まれる。

どんな友情《ゆうじょう》も、
最初《さいしょ》は知《し》らない者同士《ものどうし》の
出会《であ》いである。
自分《じぶん》が引《ひ》っ込《こ》み思案《じあん》では、

友情も深《ふか》まらない。
勇気をもって、挨拶《あいさつ》する、
会《あ》う、語《かた》る、縁《えん》を結《むす》ぶ——
この日常《にちじょう》の
誠実《せいじつ》な振《ふ》る舞《ま》いのなかにこそ、
わが生命《せいめい》の宇宙《うちゅう》を伸《の》びやかに
開発《かいはつ》しゆく人間革命もあるのだ。

自《みずか》ら動《うご》いた分《ぶん》だけ、
歩《ある》いた分だけ、語った分だけ、
わが地域の
〝平和《へいわ》の地図《ちず》〟は拡大《かくだい》する。
祈《いの》りに祈り、
心《こころ》を砕《くだ》いた分だけ、

1994年6月、イギリス・ロンドン郊外

〝幸福《こうふく》の地図〟は
光《ひかり》を放《はな》っていくのだ。

私どもの発《はっ》する「声《こえ》」が、
広宣流布《こうせんるふ》を前進《ぜんしん》させる。
今、語らなければ、
後々《のちのち》まで後悔《こうかい》を残《のこ》してしまう。
未来の「果《か》」は、
現在《げんざい》の「因《いん》」にある。
創価の勝利のため、
自身《じしん》の三世《さんぜ》にわたる幸福のために、
今こそ勇敢《ゆうかん》に、
しゃべりまくることである。

何《なん》のための一生《いっしょう》なのか。
人生、いかに生《い》きるべきか。
この問《と》いに答《こた》え、
所願満足《しょがんまんぞく》の一生を送《おく》り、
しかも、他者《たしゃ》の幸福を支《ささ》え、
社会《しゃかい》の繁栄《はんえい》と
平和建設《けんせつ》に貢献《こうけん》していく——
これ以上《いじょう》の「心の財《たから》」はない。
そして、この「心の財」は永遠《えいえん》だ。

（二〇一九年二月十七日）

今こそ「黄金《おうごん》の自分史《じぶんし》」を綴《つづ》ろう

「いざ」という時《とき》が大事《だいじ》だ。
その時に
はじめて人間の真価《しんか》が分《わ》かる。
意気地《いくじ》なしであってはならない。
圧迫《あっぱく》が強《つよ》ければ強いほど、
朗《ほが》らかに、
堂々《どうどう》と正義《せいぎ》を語《かた》り抜《ぬ》く――
これが学会精神《せいしん》である。

日々《ひび》、前進《ぜんしん》だ！
日々、決戦《けっせん》だ！

1993年2月、アンデス山脈

日々、勝利だ！
広宣流布《こうせんるふ》に生《い》き抜く我《われ》らに
停滞《ていたい》はない。
前進してやまぬ生命《せいめい》
それ自体《じたい》が常《つね》に勝利者である。
時を逃《のが》すな！
スピードが力《ちから》だ。
勢《いきお》いで決《き》まる。

今この瞬間《しゅんかん》の一念《いちねん》が変《か》われば、
それが「現在《げんざい》の因《いん》」となって
「未来の果《か》」を
いくらでも変えていける。
日蓮仏法《にちれんぶっぽう》は、太陽《たいよう》の仏法である。

わびしさや諦《あきら》めなどない。
愚痴《ぐち》をこぼすことなどない。
今の一念がどうか。
それによって、常勝《じょうしょう》の道が
深《ふか》く、強く、できあがっていく。

ひるむ前《まえ》に「行動《こうどう》」である。
「行動」すれば、
どんな困難《こんなん》の山《やま》も越《こ》えられる。
まず足《あし》を踏《ふ》み出《だ》すことである。
前に進《すす》むことである。

かけがえのない今この時に、
何《なに》をすれば一番《いちばん》、価値的《かちてき》か。

それを明確《めいかく》にして、
「黄金《おうごん》の自分史《じぶんし》」を
綴《つづ》り残《のこ》していただきたい。
師弟不二《していふに》の歯車《はぐるま》に、
わが心《こころ》のギアを、
がっちりと、かみ合《あ》わせ、
皆《みな》が力を合わせてこそ、
勝利は輝《かがや》く。
心一《ひと》つに進むのだ。

（二〇一七年九月二十四日）

報恩《ほうおん》の人こそ人生の勝利者

報恩《ほうおん》の人生は美《うつく》しい。
お世話《せわ》になった人に
恩返《おんがえ》しをしていこうという心《こころ》が、
一番《いちばん》、自分《じぶん》を成長《せいちょう》させる。
限《かぎ》りない向上《こうじょう》の
エネルギーとなっていく。
報恩の人こそ、人生の勝利者である。

何事《なにごと》も皆《みな》の支《ささ》えがあってこそ
成《な》り立《た》つという考《かんが》えをもつならば、
おのずから、

人々《ひとびと》への感謝《かんしゃ》が湧《わ》くものだ。
しかし、自分中心《ちゅうしん》で、
〝周囲《しゅうい》の人が何かしてくれて当然《とうぜん》〟
という考え方《かた》でいれば、
感謝の思《おも》いをいだくことはない。
胸《むね》には不平《ふへい》と不満《ふまん》が渦巻《うずま》いていく。

人を思いやる心は、
相手《あいて》によって
生《う》まれてくるものではなく、
まず、自分の心の中《なか》に
築《きず》き上《あ》げるものである。
鏡《かがみ》に向《む》かってお辞儀《じぎ》をすれば、
鏡の自分もお辞儀をするごとく、

2003年10月、東京

自分自身《じしん》の心が、
相手の心を呼《よ》び醒《さ》ましていくのだ。

「陰徳《いんとく》あれば陽報《ようほう》あり」である。
使命《しめい》の「陰徳」に徹《てっ》する生命《せいめい》には、
どれほど偉大《いだい》な「陽報」が
輝《かがや》きわたることか。

一日一日、また一年一年、
心の財《たから》を積《つ》み、福徳《ふくとく》の境涯《きょうがい》と
眷属《けんぞく》を広《ひろ》げていけるのが、
創価の人生である。

一年間、本当《ほんとう》にありがとう!
また来年《らいねん》も勇敢《ゆうかん》に戦《たたか》おう!

すべてに勝とう！
勝てば楽《たの》しい。うれしい。
皆《みな》が大歓喜《だいかんき》に包《つつ》まれる。
「仏法《ぶっぽう》は勝負《しょうぶ》」である。
勝つための仏法だ。
正義《せいぎ》は断《だん》じて勝たねばならない。
新《あたら》しい一年を
晴《は》れやかに勝利しよう！

（二〇一八年十二月十六日）

友好深《ゆうこうふか》める年末年始《ねんまつねんし》に

この一年間の
大勝利、大前進《だいぜんしん》、
本当《ほんとう》にありがとう！
ご苦労《くろう》さまでした！
みんな、本当に、
よく戦《たたか》った。よく勝った。
多《おお》くの団体《だんたい》や組織《そしき》が、
後退《こうたい》を余儀《よぎ》なくされている
厳《きび》しい時代《じだい》である。
その中《なか》にあって、
わが創価学会は、

2019年12月、東京

隆々《りゅうりゅう》と勢《いきお》いを増《ま》し、
前進また前進を
続《つづ》けてきた。
見事《みごと》な大勝利であった。

広宣流布《こうせんるふ》といっても、
どれだけ
悩《なや》める人々《ひとびと》と会《あ》い、
その中へ飛《と》び込《こ》んで
いくかにかかっている。
一切衆生《いっさいしゅじょう》の
幸福《こうふく》のための仏法《ぶっぽう》である。
ゆえに徹《てっ》して
一人《ひとり》を大切《たいせつ》にするのだ。

励《はげ》ますのだ。

隣近所《となりきんじょ》の人々との友情《ゆうじょう》を
大切にしていくことだ。
地域《ちいき》に友人《ゆうじん》をつくり、
友好《ゆうこう》の輪《わ》を
広《ひろ》げていくことだ。
それが人生を豊《ゆた》かにし、
大《おお》きな価値《かち》を
創造《そうぞう》する力《ちから》となる。

一念《いちねん》が変《か》われば、
自分《じぶん》が変わる。
自分が変われば、

環境《かんきょう》が変わり、
世界《せかい》が変わる。
この大変革《だいへんかく》の
根源《こんげん》をたずねれば、
御本尊《ごほんぞん》に向《む》かう自分自身《じぶんじしん》の
「祈《いの》り」の革命的深化《かくめいてきしんか》に
ほかならない。

祈りは、いわゆる
「おすがり信仰《しんこう》」とは
全《まった》く違《ちが》うのだ。
祈りとは本来《ほんらい》、
「誓願《せいがん》」である。
「必《かなら》ずこうする」という
誓《ちか》いであり、

明確《めいかく》な目標《もくひょう》に
挑《いど》み立《た》つ宣言《せんげん》である。

年末年始《ねんまつねんし》は、
多忙《たぼう》な日々《ひび》が続く。
どうか、ご家庭《かてい》を大切に、
お体《からだ》を大切にされながら、
最高《さいこう》に充実《じゅうじつ》した、
最高に楽《たの》しい、
よいお正月《しょうがつ》を
迎《むか》えていただきたい。

（二〇一九年十二月二十九日）

池田大作（いけだ・だいさく）

1928年（昭和3年）、東京生まれ。創価学会名誉会長。創価学会インタナショナル（SGI）会長。創価大学、アメリカ創価大学、創価学園、民主音楽協会、東京富士美術館、東洋哲学研究所、戸田記念国際平和研究所などを創立。世界各国の識者と対話を重ね、平和、文化、教育運動を推進。国連平和賞のほか、モスクワ大学、グラスゴー大学、デンバー大学、北京大学など、世界の大学・学術機関の名誉博士・名誉教授、さらに桂冠詩人・世界民衆詩人の称号、世界桂冠詩人賞、世界平和詩人賞など多数受賞。

著書は『人間革命』（全12巻）、『新・人間革命』（全30巻）など小説のほか、対談集も『二十一世紀への対話』（A・トインビー）、『二十世紀の精神の教訓』（M・ゴルバチョフ）、『平和の哲学　寛容の智慧』（A・ワヒド）、『地球対談　輝く女性の世紀へ』（H・ヘンダーソン）など多数。

四季の励ましⅡ

二〇二〇年十月二日　発　行

著　者　池田大作
発行者　松岡　資
発行所　聖教新聞社
〒一六〇-八〇七〇　東京都新宿区信濃町七
電話　〇三-三三五三-六一一一（代表）
印刷所　光村印刷株式会社
製本所　牧製本印刷株式会社

＊

定価はカバーに表示してあります
落丁・乱丁本はお取り替えいたします

ISBN978-4-412-01671-2